«Tal vez haya recurrido antes a un libro sobre gestión del tiempo. Es posible que el autor haya sugerido que usted podrá vivir en un pequeño y tranquilo entorno, bien diseñado y ordenado, practicando la única religión verdadera: la gestión del tiempo.»

Soft Skills

GESTIONAR EL TIEMPO

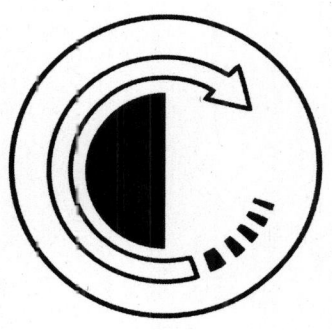

24 técnicas para conseguir
que cada minuto
en el trabajo cuente

MARC MANCINI

«Cada minuto que desperdiciamos, frustrados por una tarea que nos parece agobiante, es un minuto que restamos al tiempo dedicado a disfrutar de la vida.»

La edición original de esta obra ha sido publicada en lengua inglesa
por The McGraw-Hill Companies, Inc., Nueva York con el título: *Time
Management: 24 Techniques to Make Each Minute Count a Work*, 2003.

Todos los derechos reservados

© Para la edición en lengua castellana, Profit Editorial I., S.L., 2024

Diseño de cubierta: XicArt
Maquetación: www.freiredisseny.com

ISBN: 978-84-19841-90-2
Depósito legal: B 17-2024
Primera edición: Abril de 2024

Impresión: Gráficas Rey
Impreso en España / *Printed in Spain*

Índice

«Podemos ser bastante más productivos que cualquier otra generación de la historia...
Y tenemos las herramientas...
que pueden ayudarnos...
a gestionar nuestro tiempo.
Todo lo que hace falta es estar abierto al cambio»

ICONOS USADOS EN ESTE LIBRO

 Listas. Con la información sintetizada y ordenada.

 Sugerencias, ideas ... Al final de cada capítulo se proponen tres.

 Este icono señala en el texto un ejercicio o práctica.

 Mitos engañosos.

 Los seis factores más importantes que hacen perder el tiempo.

 El sistema ABC no es mágico, pero ayuda a gestionar el tiempo.

 Herramientas para mejorar sus habilidades.

 Historias o anécdotas que pueden ayudar a entender lo explicado.

El tiempo es finito. Disponemos tan sólo de un número determinado de horas para hacer lo que tenemos que hacer y lo que deseamos hacer.

Cuando gestionamos nuestro tiempo de un modo más efectivo y eficiente, reducimos los niveles de estrés y frustración, ganamos confianza y seguridad, y nos sentimos mejor. Esperamos que este pequeño libro le ayude a llevar a cabo todo esto.

Esperamos que le ayude a ser una persona más productiva en su trabajo. También esperamos que le ayude a ayudar a sus empleados a gestionar mejor su tiempo, haciendo que su trabajo sea más fácil y ellos más productivos. Por último, esperamos que le ayude a aprovechar mejor el tiempo que pasa con su familia y sus amigos y que los ejemplos contenidos en estas páginas le ayuden a pensar en otras formas de utilizar los sistemas, las estrategias y las técnicas en su vida diaria.

Es importante recordar que no todos los sistemas, estrategias o técnicas de este libro serán eficaces para todos los lectores. Esto es normal.

Todos somos distintos. Cada uno de nosotros trabaja de forma diferente y vive de forma diferente y, por tanto, tenemos éxito utilizando métodos diferentes. No hay un modo correcto ni un modo equivocado de gestionar el tiempo. ¿Lo correcto es lo que consigue los resultados correctos?

Hay muchas formas de mejorar los sistemas que ya estamos utilizando o de tener en cuenta otros que puedan conseguir que hagamos más cosas en menos tiempo y con más facilidad. Confiamos en que este libro le ofrezca algunas sugerencias que le ayuden a conseguir esto. Depende de usted seleccionar las estrategias que sean más eficaces para usted en su situación para que se sienta más seguro de su capacidad para gestionar mejor el tiempo.

Es posible que en determinados momentos de la lectura del libro usted se diga, «¡Esto lo he sabido siempre!» Perfecto, ¿pero está usted aplicando lo que siempre ha sabido? Después de todo, la gestión del tiempo no tiene que ver solamente con el conocimiento de sistemas, estrategias y técnicas, también tiene que ver con su utilización en la práctica.

Tal vez ha leído otros libros sobre la gestión del tiempo, libros que promocionan unos sistemas rígidos y una disciplina estricta, planteamientos que no eran apropiados para su situación. Tal vez se haya sentido agobiado, agotado o derrotado. Quizás ahora se sienta culpable de dedicar un poco de su valioso tiempo a leer otro libro de gestión del tiempo —este breve libro—. Pero hay esperanza. De eso es de lo que trata este libro.

01

—

Sepa cómo emplear el tiempo

«Todos tenemos una perspectiva del tiempo muy personal, pero la mayoría no somos conscientes de que tenemos sentimientos subconscientes sobre el tiempo. La mayor parte de la gente tiene una sensación poco definida de cómo pasa el tiempo.»

Cada uno de nosotros es un individuo único. Percibimos y procesamos las cosas de forma distinta. Gestionamos el tiempo de forma distinta. Ningún estilo de gestión del tiempo es adecuado para todos los individuos.

Antes de que sea capaz de gestionar mejor el tiempo, usted tiene que saber cómo lo está gestionando en la actualidad, qué opciones está eligiendo, consciente o subconscientemente.

¿CUÁL ES SU ESTILO ORGANIZACIONAL? ¿CÓMO EMPLEA EL TIEMPO?	SÍ	NO
¿Lleva consigo una agenda del día?		
¿Hace una copia de todos los documentos que firma?		
¿Suele reconfirmar las citas?		
¿Suele devolver las llamadas en un plazo de 24 horas?		
¿Tiene asignado un lugar fijo para las llaves de casa?		
¿Tiene papel y lápiz a mano cerca de su teléfono fijo?		

Si no pudiera ir mañana al trabajo, ¿podría alguien hacerse cargo de sus obligaciones?		
¿Tiene un sistema de archivo para sus papeles personales?		
¿Se lleva siempre material para leer cuando va a una cita?		
¿Se acumulan en su escritorio o en su bolsillo trocitos de papel con direcciones, teléfonos, etcétera?		
¿Ha incumplido la fecha límite de pago de una factura en los últimos tres meses?		
¿Se lleva trabajo a casa más de una vez a la semana?		
¿Hace horas extras más de dos veces por semana?		
¿Forma parte de un comité que le aburre?		
¿Suele evitar devolver las llamadas si no le gusta quien le ha llamado o el tema a tratar le hace sentirse incómodo?		

Las respuestas afirmativas revelan la presencia de factores que le hacen perder tiempo.

Evalúe su estilo de gestión del tiempo con sinceridad. Identifique aquellas áreas de su vida que más podrían beneficiarse de mejoras en este sentido. Veamos a continuación **tres puntos** que le orientarán:

→ **Sepa cómo se siente sobre el tiempo a nivel subconsciente:** ¿es algo que hay que llenar? ¿Es un matón o un enemigo? ¿Es un recurso que usted utiliza para conseguir sus objetivos?

→ **Controle a qué dedica tiempo:** tome nota de sus actividades y el tiempo que pasa en cada una de ellas. A continuación, analice cómo usa el tiempo. ¿Qué actividades laborales se llevan la mayor parte del tiempo? ¿Qué actividades personales se llevan la mayor parte del tiempo? ¿Qué actividades deberían durar menos tiempo?

→ **Evalúe su control del tiempo:** aquí mismo haga una lista de sus actividades habituales y puntúelas del 1 (no tiene ningún control) a 5 (tiene un control total). Trate de tener un mayor control de las actividades con una puntuación de 4, donde el control es casi completo. A continuación, trabaje con las que obtiene una puntuación de 3.

ACTIVIDADES HABITUALES	PUNTUACIÓN

ACTIVIDADES HABITUALES	PUNTUACIÓN

02

Sea razonable

«Una de las formas más frecuentes (y perniciosas) de comportamiento obsesivo −que además puede interferir con la auténtica eficiencia y productividad− es el perfeccionismo. La falsa ilusión de que podemos hacer cualquier cosa a la perfección impide a algunas personas hacer las cosas simplemente bien.»

El número **uno** de mi lista de **mitos engañosos** sobre la gestión del tiempo es «la gestión del tiempo es tan sólo un calificativo más para el comportamiento obsesivo».

Una *obsesión* es un pensamiento persistente y a menudo irracional. Todos nos obsesionamos con el tiempo de vez en cuando. Sin embargo, los actos ocasionalmente obsesivos no suelen ser un problema.

Lo más frecuente y peligroso es una obsesión general con el tiempo. Todos conocemos personas que siempre están frenéticos u obsesionados por el trabajo. Han descubierto medios para trabajar 30 segundos más deprisa. Trabajan en el avión o en el tren. Limpian constantemente su escritorio para estar siempre perfectamente organizados.

RESPONDA A ESTAS PREGUNTAS:

	SÍ	NO
¿Se siente culpable de no hacer nada productivo durante el fin de semana?		
¿Se queda a trabajar hasta tarde más de una vez a la semana?		
¿Intenta llegar exactamente a tiempo a las citas, ni antes ni después?		
¿Se disgusta por los semáforos en rojo cuando conduce?		

¿Se siente molesto cuando va de compras y las colas de las demás cajas avanzan más deprisa que la suya?		
¿Está suscrito a más de seis revistas y se siente culpable si deja de leer una de ellas?		
¿Le aterrorizan las vacaciones porque no se completará el trabajo acumulado que tiene en el despacho?		
¿Es usted quien siempre coge el teléfono en casa cuando suena, aunque esté ocupado haciendo algo importante?		
TOTAL		

Si usted ha contestado afirmativamente a seis o más preguntas, es probable que esté en **«zona de peligro»** obsesiva. Está clarísimo que necesita este pequeño libro.

La gestión del tiempo se compone de una serie de opciones. Una buena gestión del tiempo exige establecer prioridades y, cuando fijamos prioridades, aceptamos que las limitaciones de tiempo deben limitar lógicamente nuestras opciones. Sea razonable.

He aquí **tres sugerencias**:

→ **Venza al comportamiento obsesivo-compulsivo leve relacionado con el tiempo siguiendo este proceso:**

○ Reconozca que esta conducta genera más estrés que resultados.

○ Comprenda que es mejor deshacerse de ella.

○ Decida abandonar esta costumbre.

○ Sustitúyala con una conducta menos estresante pero por lo menos igual de eficaz.

Apunte sus propuestas en el cuadro de la página siguiente.

→ **Sea razonable en cuanto a la gestión del tiempo:** admita que tal vez no sea una actitud inteligente tratar de descubrir la solución más eficiente desde el punto de vista de utilización del tiempo. No se obsesione con encontrar la mejor solución: a menudo es mucho mejor conformarse con una que sea simplemente muy buena.

→ **Tenga cuidado con lo que los psicólogos denominan comportamiento «tipo A»:** sepa que las personas tipo A se fijan unos horarios irrazonables, establecen unos objetivos imposibles o inadecuados y meten muchísimas actividades en un cortísimo espacio de tiempo. No vaya cayendo en un comportamiento tipo A. Trate de evitar a las personas que se comportan de esta forma: puede ser contagiosa.

ACTIVIDAD ACTUAL	ACTIVIDAD SUBSTITUTA

03

—

Planifique las actividades de ocio

«La gestión del tiempo no ahoga la creatividad y el placer sino que, de hecho, puede crear oportunidades para las actividades de este tipo.»

El número **dos** de mi lista de **mitos engañosos** sobre la gestión del tiempo es «la gestión del tiempo destruye la espontaneidad y la alegría».

Las personas que gestionan bien el tiempo se reservan tiempo para el ocio. Saben cuáles son las cosas que deberían organizarse y cuáles no. La gente que gestiona mal su tiempo no lo pasa tan bien a causa de la desorganización, prioridades vagas y el estrés.

Si usted gestiona su tiempo, podrá disfrutar más de la espontaneidad y detectar oportunidades imprevistas. Algunas veces las mejores ideas surgen en momentos de descanso.

Eso también es cierto para el trabajo. La productividad no es función exclusiva del esfuerzo y del tiempo, también conlleva compromiso psicológico. Nuestra productividad es máxima cuando disfrutamos con lo que estamos realizando, cuando tenemos la seguridad de que lo estamos haciendo bien, cuando aprovechamos las oportunidades y cuando no nos distrae la sensación de que deberíamos estar haciendo otra cosa.

Es importante disfrutar del trabajo y sentirse motivado. No siempre podemos disfrutar de nuestro puesto de trabajo, pero sí podemos aumentar la satisfacción que obtenemos de nuestro trabajo.

Este aspecto es especialmente importante para los mánagers, porque suelen dirigir con el ejemplo. Si resulta evidente que usted está disfrutando con su trabajo, será más fácil que sus empleados se sientan a gusto con lo que hacen. A la inversa, la impresión de que está agotado socavará la motivación de los que están a su alrededor.

La gestión del tiempo puede contribuir a reducir el estrés. Con frecuencia, nos sentimos agobiados por factores que no podemos controlar. De hecho, la causa más importante de estrés es esta falta de control. Por tanto, cuando gestionemos mejor lo que está bajo nuestro control, reduciremos nuestro nivel de estrés.

Las personas que son menos vulnerables al estrés suelen exhibir las características siguientes:

- Tienen muchos amigos y conocen a mucha gente.
- Sus hábitos de comida son regulares.
- Duermen bien.
- Toman pocas bebidas alcohólicas, no fuman y rara vez toman café.
- Gozan de un buen estado de salud, sin sobrepeso ni falta de peso, y hacen ejercicio de forma regular.
- Están conformes con lo que ganan.
- Se fortalecen con sus creencias de índole espiritual.
- Son personas abiertas y afectuosas.
- Forman parte de un club o asociación, por lo menos.

Haga frente a las consecuencias del estrés mediante un estilo de vida más sano. Por ejemplo:

→ **Planifique las actividades de ocio:** haga una lista de las actividades que más le gustan. Si no ha practicado por los menos dos de ellas en el último mes, gestione su tiempo para que pueda disfrutar más y de forma regular.

→ **Luche contra el estrés**: gestione mejor lo que está bajo su control. Reduzca las presiones que resultan de tener demasiadas cosas que hacer y muy poco tiempo para hacerlas.

→ **Minimice los efectos del estrés:** hágase más resistente. Siga conductas sanas para hacer frente a los efectos del estrés.

—

04

—

Domine su espacio

«Siempre es posible ser una isla
tranquila en medio de un mar
de confusión, si usted toma las
riendas —como mínimo—
de su propia área de
responsabilidad.»

El número **tres** de mi lista de **mitos engañosos** sobre la gestión del tiempo es «tal vez yo sea capaz de organizarme, pero mi empresa jamás podrá estar organizada».

¿Hasta qué punto puede usted controlar su entorno de trabajo? Quizás un poco, quizás mucho.

Es fácil manifestarse con cinismo sobre su entorno laboral y la organización. Pero lo único que se consigue con esto es empeorar la situación.

Probablemente, usted será capaz de encontrar medios que minimicen determinados tipos de desorganización sistémica y una gestión del tiempo deficiente o, por lo menos, sus consecuencias. La clave consiste en tomar las riendas siempre que sea posible.

¿Está usted convencido de que es imposible controlar su entorno? ¿Le asusta ejercer este control? ¿Tiene miedo al fracaso? ¿Cree que si acepta más responsabilidades su situación será aún más agobiante? Los estudios demuestran que cuanto más control tienen las personas sobre la forma en que realizan su trabajo, más satisfactorio es su trabajo y también su vida personal.

Atrévase a pensar a gran escala. Por ejemplo, es posible que usted forme parte de un comité encargado de mejorar la distribución de responsabilidades dentro de su división. Si usted puede ayudar a dar forma al proceso y modificar las responsabilidades, podrá mejorar su propia situación.

También puede hacer mejoras de menor importancia. Si la gente traspapela o pierde documentos, haga una copia de seguridad de todos los documentos que requieran la atención de otras personas. Si la gente no cumple sus fechas límite, divida la tarea y fije una fecha límite para cada una de las partes.

—

Por supuesto, algunos trastornos propios del entorno escaparán a su control. Si su modo de trabajar no encaja con la cultura de la organización, tiene tres opciones: adaptarse al estilo de la organización, organizarse tanto como le sea posible dentro de su área de control o buscar una nueva organización donde se sienta más cómodo.

 Estas **tres sugerencias** le serán de utilidad:

→ **Instaure tiempos de descanso:** muchas personas padecen la sensación de escasez de tiempo libre. Anime a su compañía o división a adoptar un planteamiento del tiempo más equilibrado. Sugiera una hora de descanso mensual, o incluso semanal, en la que los empleados dejen de trabajar y se reúnan en una sala sin teléfonos para tomar un tentempié y charlar –los temas relacionados con el trabajo estarán prohibidos–.

→ **Reduzca las interrupciones:** si la gente le interrumpe con excesiva frecuencia, pida autorización para tener un horario de trabajo más flexible, o incluso trabajar desde casa una parte de la jornada laboral. Organice con la gente de su alrededor los mejores medios para comunicarse. Pida a sus colegas que durante una hora al día no le llamen por teléfono ni vayan a visitarle a su despacho, excepto para emergencias.

→ **Sepa lo que es posible y lo que es imposible:** organice lo que pueda organizar. Admita lo que no pueda organizar. Sea lo bastante inteligente para reconocer la diferencia.

05

—

Adapte las estrategias de gestión del tiempo a su caso particular

«Lamentablemente, la mayoría de libros y sistemas de gestión del tiempo dan por sentado que un único estilo es apropiado para todo el mundo. La experiencia nos enseña que esto está muy lejos de ser cierto.»

El número **cuatro** de mi lista de **mitos engañosos** sobre la gestión del tiempo es «un solo estilo es apropiado para todos».

Todos somos distintos. Usted debería desarrollar un estilo de gestión de tiempo que sea apropiado para su situación. Algunas estrategias son aplicables a la mayor parte de las personas en la mayoría de situaciones (como fijar prioridades, planear con antelación delegar), pero otras deben ajustarse a cada estilo individual.

Quizás usted es de los que prefiere completar un proyecto antes de pasar al siguiente: trabaja de un modo lineal. O tal vez su enfoque sea holístico o global: usted disfruta haciendo múltiples tareas al mismo tiempo.

También puede ser un velocista: trabaja a ráfagas con gran energía y luego necesita «recargar pilas» en momentos de descanso o baja actividad. O puede ser un corredor de campo a través: trabaja a un ritmo regular y constante.

Sea cual sea su estilo de trabajo, usted debería adaptar las estrategias y técnicas de gestión del tiempo a sus características psicológicas y fisiológicas. Es evidente que esto no siempre es posible. Pero es importante reconocer y aceptar su individualidad cuando se trate de aplicar los principios de la gestión del tiempo.

Las organizaciones tienen actitudes culturales individuales acerca del tiempo. En algunas de ellas, una cultura más informal y menos jerárquica puede valorar más la creatividad que la eficiencia. Muchas empresas de alta tecnología dependen más de la investigación y el desarrollo —del pensamiento no lineal— que los negocios tradicionales. En otras organizaciones, el trabajo tiene que ver exclusivamente con estructura, rapidez y eficiencia.

La clave es ajustarse a otras culturas y otros estilos y ayudar a los demás a adaptarse a la forma en que usted trabaja. Si usted es capaz de gestionar el tiempo dentro del marco de su propio estilo, descubrirá la felicidad en una vida perfectamente organizada y superará los obstáculos que le puedan impedir una mejor gestión de su tiempo. Siga estos **tres consejos**:

→ **Sea sensible a las diferencias individuales:** cada uno de nosotros tiene un estilo de gestión del tiempo distinto. Y, con frecuencia, podremos aprender del modo en que los demás gestionan su tiempo.

→ **Piense a nivel regional:** los conceptos y las expectativas del tiempo difieren de región a región y a veces de ciudad a ciudad. La gente del medio oeste tiene unos valores sobre la cronología que son distintos de los de la gente que vive en el noreste del país. Alguien de Nueva York piensa de forma muy distinta sobre el uso del tiempo que alguien que reside en la pequeña ciudad de Seekonk, Massachusetts.

→ **Sea cosmopolita:** el mundo de hoy en día tal vez sea una «aldea global», pero siguen abundando las diferencias culturales. La gestión del tiempo está profundamente incrustada en la cultura. Si usted tiene tratos comerciales con compañías extranjeras, la familiaridad con sus culturas mejorará las relaciones. Cuando vengan a verle colegas de otros países, sea sensible a las diferencias culturales que puedan existir. También puede ayudar a empleados de otros países a que se adapten a su nuevo entorno cultural.

06

Priorice
con el sistema ABC

«Lo mejor del sistema ABC es que contribuye a eliminar las emociones que volcamos en cada tarea.»

U na opción para fijar prioridades es el **sistema ABC**.

Este sistema, aconsejado por prácticamente todos los expertos en gestión del tiempo (sobre todo por el gurú Alan Lakein) y más practicado que cualquier otro método por personas con sensibilidad organizacional, es el «abuelo» de las estrategias de priorización.

Es muy básico: dé a cada tarea un valor A, B o C:

A— si la tarea *debe* hacerse y pronto. Una tarea A puede generar unos resultados extraordinarios. Si no se hace, las consecuencias pueden ser graves, desagradables o incluso desastrosas.

B— si la tarea *debería* hacerse pronto. Una tarea B no es tan urgente como una tarea A, pero sigue siendo importante. Si se pospone demasiado tiempo, puede pasar con facilidad a ser de prioridad A.

C— si la tarea puede *aplazarse* sin que se produzcan consecuencias alarmantes. Algunas tareas pueden seguir siendo de prioridad C de forma indefinida. Otras se convertirán a la larga en tareas de prioridad A o B.

En ocasiones, tal vez se quiera o haga falta calificar a tareas D:

D— si la tarea no es necesaria. Estaría bien hacerla, pero podría pasarse totalmente por alto sin que se produjeran efectos secundarios o graves evidentes. A veces, sin embargo, una tarea de prioridad D puede generar beneficios sorprendentes.

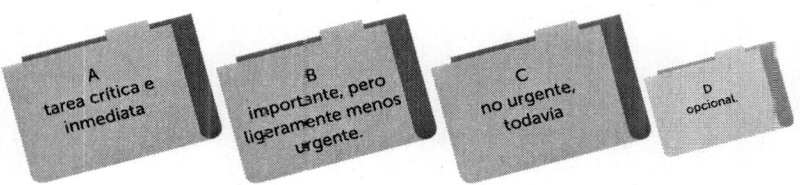

A
tarea crítica e inmediata

B
importante, pero ligeramente menos urgente.

C
no urgente, todavía

D
opcional.

Este sistema permite priorizar las tareas a realizar de modo objetivo. Si hay un número muy grande de tareas con la misma prioridad, haga entonces distinciones entre ellas: por ejemplo A1, A2, A3.

Cuando priorice, recuerde que el tiempo precede a la importancia. En otras palabras, una tarea que sea más *urgente* debe hacerse antes que una tarea que sea más *crítica*.

Ponga en práctica las **tres ideas** siguientes para priorizar las tareas:

→ **Utilice y valore su agenda:** haga una lista de todas las tareas y califique a cada una con A, B o C. Es obvio que esta recomendación da por sentado que usted ya tiene algún tipo de agenda. Si no es el caso, comience a utilizar una. Calificar sus tareas puede propiciar la reordenación temporal de algunos de los trabajos que tiene anotados. (También puede hacer un primer intento en este mismo libro. Utilice la tabla de las dos páginas siguientes).

→ **Utilice y valore la lista de asuntos pendientes:** liste los asuntos al azar. Luego asigne a cada uno la letra A, B o C. Esta lista debería dirigir su programación.

→ **Organice en la mesa de su escritorio un sistema de archivo a base de tres o cuatro bandejas apiladas:** etiquete la bandeja superior con la letra A, la siguiente con la B, y luego la C, y tal vez la D. Ponga cada proyecto u otro tipo de documentación en una carpeta y archívela en la bandeja correspondiente. Revise cada mañana las bandejas A y B, trasladando los temas B a la bandeja A según sea necesario. Chequee las bandejas C y D cada viernes por la mañana, por si es necesario ascender algunos temas a bandejas superiores.

TAREAS	A	B	C

TAREAS	A	B	C

07

—

Priorice con papel y lápiz

«El tiempo es vida. Es irreversible e irreemplazable. Si desperdicia el tiempo, desperdiciará parte de su vida, pero si domina el tiempo, dominará su vida y la aprovechará al máximo.»

ALAN LAKEIN, *How to Get Control of Your Time and Your Life* (1974)

U na **segunda opción** para priorizar los asuntos es el **sistema ABC** con fichas o notas adhesivas.

Es posible que esta variación del sistema ABC sea más eficaz para su caso. Anote cada una de sus tareas en una ficha independiente. Ponga las fichas encima de una mesa o superficie plana. Luego colóquelas por orden de importancia o de urgencia temporal. También puede hacerlo con grandes notas adhesivas en lugar de fichas. En este caso, no le hace falta ponerlas encima de una superficie horizontal. Puede organizarlas en forma de hileras y pegadas en la pared. Esto es más fácil cuando son varias las personas que están involucradas en la fijación de las prioridades. También se pueden emplear grandes pizarras magnéticas que le permitirán mover las tareas de un lugar a otro con facilidad.

Este sistema de priorización tiene tres notables ventajas. En primer lugar, a muchas personas les da una mayor sensación de flexibilidad y libertad trabajar con notas independientes que pueden mover de un sitio a otro en lugar de hacerlo con una lista de tareas. En segundo lugar, este sistema permite que un grupo fije prioridades, porque varias personas reunidas pueden ver las tareas y manipular las fichas o las notas. En tercer lugar, y más importante, este sistema permite saber de un vistazo cuál debería ser la próxima tarea a realizar sin necesidad de revolver el escritorio buscando una lista. De este modo ahorrará unos segundos o minutos de su valioso tiempo.

Comience ya a trabajar para mejorar su gestión del tiempo siguiendo estas **tres recomendaciones**:

→ **Archive por orden de prioridad:** puede utilizar carpetas en lugar de ficha o notas adhesivas. Numere 31 carpetas colgantes, una para cada día del mes y colóquelas en un cajón o armario archivador. Ponga

---

cada tarea en una de las carpetas, basándose en el grado de urgencia. Una tarea muy urgente se colocará en una de las primeras carpetas del mes. Si una actividad se debe realizar en una fecha determinada, colóquela en la carpeta del día anterior como recordatorio; luego pásela a la carpeta correcta.

→ **Utilice el sistema de archivo recordatorio vía ordenador:** si prefiere la tecnología, utilice una versión informática del sistema anterior de archivo recordatorio por fechas (*tickler files*). Si debe recurrir a un documento físico, introduzca una referencia a este material en dicho archivo informático.

→ **Priorice, reflexione y revise:** sea cual sea el sistema que utilice para priorizar sus tareas, el mejor momento para fijar prioridades es la tarde o noche anterior, no por la mañana. De ese modo, podrá consultar con la almohada su lista de prioridades y revisarla después por la mañana. Es posible que detecte algunas cosas que tenga que cambiar.

08

—

Priorice y cambie

«El método del inventario
asume que se aprende más al
revisar cómo se ha gestionado
el día y al aplicar lo aprendido
al comportamiento del día
siguiente.»

Una **tercera opción** para fijar prioridades es el sistema de inventario.

Se trata de otra variación del sistema ABC, pero está básicamente orientado a la consecución de *resultados* y funciona a través de la modificación de la conducta.

Tal vez es más fácil priorizar sus tareas como 1, 2 y 3 en lugar de A, B y C (el motivo quedará claro enseguida). Éste es el primer paso.

En el segundo paso es donde este sistema difiere del ABC. Al finalizar el día o a primera hora de la mañana siguiente, evalúe los resultados de cada tarea programada.

Otórguese una calificación que puede oscilar de la A a la F: A, si usted ha llevado a cabo con éxito la totalidad de la tarea; F, si no realizó la tarea, y B, C o D para otros resultados intermedios. Analice a continuación los motivos de los resultados que usted calificó por debajo de A. ¿Por qué no fue capaz de completar la tarea de forma satisfactoria? ¿Qué circunstancias se interpusieron en su camino? A continuación, decida qué debe modificar en su comportamiento o situación para poder producir un cambio en los resultados.

Por último, vuelva a fijar prioridades. Ahora ya sabe por qué utilizar 1, 2 y 3 puede ser mejor que utilizar A, B y C –para evitar confusiones entre prioridades y resultados–.

Tal como se ha mencionado antes, usted evalúa y analiza los resultados al final del día –sobre todo si hizo un buen trabajo y quiere sentirse bien– o a primera hora de la mañana –si no trabajó tan bien como tenía previsto y quiere utilizar estos resultados desiguales para motivarse–.

Por tanto, establezca lo que prevea llevar a cabo y luego evalúe los resultados para medir su grado de éxito e identificar los obstáculos y hacer los cambios oportunos para poder mejorar.

El sistema de inventario lleva un poco más de tiempo que el sistema ABC solo. No obstante, los cambios que resulten de la evaluación y el análisis ahorrarán tiempo a largo plazo. La modificación de la conducta es una estrategia significativa de la gestión del tiempo. Veamos a continuación las **tres etapas** resumidas:

→ **Evalúe los resultados para cada tarea programada:** hágalo al final del día o a primera hora de la mañana siguiente. Califique los resultados: A, B, C, D o F.

→ **Analice los motivos de los resultados calificados como B, C, D o F:** ¿por qué no ha obtenido una calificación A? ¿Qué le ha impedido realizar la tarea de forma completa y satisfactoria?

→ **Decida lo que se debe cambiar:** ¿influyeron factores personales, de comportamiento? ¿Tuvo que ver con su situación o con la gente de su alrededor? ¿Qué debería hacer para vencer estos obstáculos?

09

Priorice
con recompensas

«Considerar el tiempo en
términos de recompensa
monetaria suele aportar
precisión mensurable al
establecimiento de prioridades.»

U na **cuarta opción** para fijar prioridades es el sistema de recompensa.

«¿Cuál es la recompensa?». Ésa es la pregunta esencial cuando se prioriza, según Stephanie Winston, autora de *Getting Organized*. En el método de recompensa, se trata de emplear el tiempo en términos de valor y rendimiento económico, lo que le da un significado mensurable.

Veamos cómo funciona el sistema. Las tareas listadas como ejemplo más abajo representan un espectro de «valor» con recompensas que oscilan de alto valor a bajo valor. El rendimiento no tiene por qué ser siempre de índole económica; hay otros tipos de valor a tener en cuenta: emocional, social, práctico, físico, etcétera. ¿Cómo valoraría usted la recompensa de cada una de estas tareas: **alta, media o baja**?

TAREAS	ALTA	MEDIA	BAJA
Sólo le quedan 20 dólares. Dedique parte del tiempo del almuerzo a sacar 200 dólares de un cajero automático.			
Escribir una carta de queja a un proveedor de muchos años.			
Organizar su despacho.			
Escuchar a su jefe hablar de algo que no le interesa.			

Devolver tres llamadas de antiguos colegas.	
Programar una reunión sobre una nueva política que probablemente será impopular.	
Escuchar a un empleado quejárse de problemas familiares.	
Devolver una llamada cuando no sabe quién es el interlocutor o el propósito de la llamada.	

¿Hasta qué punto le ha sido fácil valorar las recompensas? Sus emociones y el contexto en el que se desarrolla cada acción influirán en su decisión.

Sin embargo, la *programación* tiene que ser lógica. ¿Cómo valora la importancia de las tareas? ¿Y cómo valora las tareas que son interdependientes?

En ocasiones, la recompensa es obvia. En otras, no lo es. Pero el sistema de recompensa es bueno para tener en cuenta tanto valores personales como de trabajo para priorizar las tareas. He aquí **tres ideas** para priorizar mejor:

 → **Recuerde el lema «¿qué gano yo con esto?» (QGYCE):** esto es lo que casi siempre motiva a casi todo el mundo a hacerlo casi todo. Para modificar su conducta, descubra un modo de expresar claramente el QGYCE Aplique la misma forma de pensar a la gente que depende de usted: cuando asigne una tarea transmita en primer lugar el QGYCE, es decir, lo que ganará la persona a quien usted está encomendando la tarea en cuestión.

«¿Qué gano yo con esto?»

→ **Confeccione una lista de cosas que no debería hacer:** esta sugerencia de Michael LeBoeuf le permitirá disponer de más energías y más tiempo para hacer otras cosas. Incluya aquí todas las tareas de baja prioridad, aquellas que pueda delegar y aquellas para los demás que deberían hacer ellos mismos.

→ **Asigne un coste a su tiempo:** ¿Cuánto gana por hora? Cuando usted pierde el tiempo —o permite que otros se lo hagan perder— piense en ello como un daño a este coste por hora. Usted y su compañía se benefician del mejor aprovechamiento de su tiempo. Y usted puede medir dicho valor en términos monetarios, de hecho su aumento de sueldo puede depender de ello

TAREAS	ALTA	MEDIA	BAJA

10

Priorice con Pareto

«El principio de Pareto, la regla 80/20, debería servirle de recordatorio diario para concentrar el 80 por ciento de su tiempo y de sus energías en el 20 por ciento de su trabajo que sea realmente importante. No sólo tiene que trabajar de forma inteligente, sino que también debe hacerlo en los asuntos apropiados.»

F. JOHN REH

Una quinta opción para fijar prioridades es mediante el principio de Pareto.

En 1906, un economista italiano llamado Wilfredo Pareto observó que el 20 por ciento de los italianos poseían el 80 por ciento de la riqueza nacional. Con el paso del tiempo la gente generalizó esta ratic de 80/20 a otras situaciones. En los años 30 y 40 del siglo pasado, el pionero de la gestión de la calidad, Joseph M. Juran, identificó un principio universal que denominó «pocos vitales, muchos triviales». Finalmente, los dos principios unidos han dado lugar a una regla general: un pequeño número de asuntos de un grupo (los «pocos vitales») son bastante más importantes que todos los demás asuntos (los «muchos triviales»).

Veamos algunos ejemplos de la aplicación de esta regla:

- El 20 por ciento de sus productos suponen el 80 por ciento de las ventas totales.

- El 20 por ciento de las personas provocan el 80 por ciento de las interrupciones.

- El 20 por ciento de sus productos o servicios generan el 80 por ciento de las quejas de los clientes.

- El 20 por ciento de sus problemas ocasionan el 80 por ciento de sus preocupaciones.

Este principio puede ser utilizado en la gestión del tiempo, porque algunas tareas le proporcionan un rendimiento mucho más alto sobre la inversión de su tiempo que otras. Este principio se puede aplicar para sopesar la importancia de las actividades cuando se estén fijando prioridades. La clave de una priorización eficaz es determinar el 20 por ciento (más o menos) de sus tareas que generarán los mayores rendimientos, 80 por ciento (más o menos)

Si el 80 por ciento del valor que usted aporta a su compañía procede del 20 por ciento de su trabajo y de su tiempo, podría ser muy conveniente descubrir diferentes medios para mejorar esta ratio. Una mayor productividad podría muy bien estar en función de encontrar la forma de aprovechar al máximo el principio de Pareto.

Veamos a continuación **tres puntos** más sobre el principio de Pareto:

→ **Seleccione dos de cada diez:** si tenemos fe en el principio de Pareto que dice que el 20 por ciento de las tareas proporcionan el 80 por ciento de los resultados, entonces de cada diez asuntos de nuestra lista de tareas deberíamos seleccionar dos e invertir en ellos nuestro tiempo y nuestras energías.

→ **Concéntrese, no se apure:** a menudo, nos sentimos agobiados por las tareas pendientes que debemos realizar. Según el principio de Pareto, podemos ser eficaces en un 80 por ciento alcanzando el 20 por ciento de nuestros objetivos En lugar de tratar de hacer todas las tareas de la lista cada día, haga la más importante de cada cinco de ellas. Si lo hace así, por lo menos completará las cuatro quintas partes de lo que era necesario hacer.

→ **Considérelo tan solo una orientación:** las cifras que Pareto descubrió se referían exclusivamente a los ricos italianos hace cien años La clave es pensar en términos de los «pocos vitales» y los «muchos triviales». Utilice este concepto para establecer sus prioridades.

11

Hágalo a tiempo

«Los aplazamientos
—los ladrones de la gestión
del tiempo—
entran sigilosamente en su vida
y le arrebatan
uno de los activos más valiosos
que posee: el tiempo.»

¿Aplaza las cosas? Usted tiene sus motivos y he aquí algunas estrategias para cada uno de ellos.

¿Le parece una tarea desagradable?

- Que sea la primera tarea del día. No le dé más tiempo a que le siga molestando.
- Ubique la tarea la noche anterior allí donde no pueda pasarla por alto.
- Delegue la tarea si es posible.
- Liste los aspectos positivos de llevarla a cabo y los negativos de no realizarla.
- Sea pesado consigo mismo. Cada vez que toque un documento sobre el que haya que actuar ponga un punto rojo. A medida que el sarampión empeore el mensaje será cada vez más evidente.

¿Le parece una tarea agobiante?

- Divídala en tareas más pequeñas.
- Busque un lugar solitario para realizarla, allí donde las distracciones sean mínimas o inexistentes.

¿Le parece confuso el flujo de la tarea?

- Haga un diagrama de flujo. Planifique los pasos a seguir.

¿Le parecen poco claros sus objetivos?

- Cuando fije un objetivo, sea preciso. Sepa qué resultados espera.

¿Tiene que esperar a lo que hagan otras personas?

- Fije para ellos una cronología precisa.

- Fije unas fechas límite falsas anteriores a las reales y así dispondrá de un margen de tiempo por posibles retrasos.
- Comuníqueles que se siente molesto por su conducta.
- Entrégueles una copia de estas dos páginas del libro.

¿Teme al cambio?

- Cambie su entorno físico. Los cambios a nuestro alrededor pueden motivarnos a actuar.
- Cambie sus rutinas y costumbres. Los cambios de nuestro interior pueden conseguir que nos sea más fácil actuar.
- No haga nada. Permanezca sentado y mire a la pared. El aburrimiento puede empujarle a hacer alguna cosa.

¿Se ha comprometido a hacer más cosas de las que puede?

- En el futuro, revise sus compromisos antes de aceptar uno más.

¿Le falta tiempo?

- Concédase tan sólo cinco minutos para realizar un trabajo. Si lo hace así, no se detendrá.
- Tenga a mano una lista de tareas rápidas para hacerlas en cualquier tiempo libre que tenga entre dos trabajos más importantes.

¿Es usted un adicto a las carreras de última hora?

Veamos a continuación **tres recomendaciones** finales:

→ **No trate de ser perfecto:** el perfeccionismo puede hacerle perder tiempo y energías. ¿Merece la pena la recompensa de la perfección? Si no es así, realice la tarea tan bien como sea necesario y luego pase a otros trabajos.

→ **Tenga en cuenta las consecuencias:** ¿qué ocurrirá si no lleva a cabo la tarea? ¿Está dispuesto a sufrir las consecuencias?

→ **Comprenda sus propios motivos:** liste los asuntos que ha estado aplazando. Para cada uno de ellos, identifique la causa o causas del aplazamiento. Entonces será capaz de determinar lo que tiene que cambiar en usted, en el entorno y en las demás personas. Ahora, ¡haga alguna de las cosas que tiene en la lista!

ASUNTOS APLAZADOS	CAUSAS DEL APLAZAMIENTO

ASUNTOS APLAZADOS	CAUSAS DEL APLAZAMIENTO

12

Fije objetivos
y saque tiempo

«Reservar una pequeña cantidad de tiempo cada semana para dedicarla a revisar sus objetivos puede obrar milagros al ofrecerle la concentración que necesita para asignar su tiempo de forma productiva.»

Los objetivos son esenciales para la gestión del tiempo. Asigne una buena cantidad de tiempo a la fijación de objetivos.

Cierto, dispondrá de menos tiempo para otras actividades. Pero es una de las mejores estrategias para ahorrar tiempo. Usted no podrá aprovechar su tiempo al máximo sino sabe lo que está tratando de lograr —a corto y a largo plazo—.

Los objetivos deben ser alcanzables (ambiciosos, pero realistas), medibles, escritos, hay que rendir cuentas de los mismos y deben tener una fecha límite.

Haga cada año una lista de **tres objetivos personales** y **tres objetivos profesionales**, como mínimo, indicando para cada uno de ellos una fecha tope y cómo medirá su consecución. Priorice estos objetivos como A, B y C. Luego coloque la lista en un lugar visible y destacado donde su presencia le motive.

Planee su fijación de objetivos para facilitar su consecución. El lugar del trabajo y el hogar suelen ser ambientes de interacción interpersonal. Si determinadas responsabilidades exigen un tiempo a solas, programe su creación:

- Identifique un período de tiempo semanal en que sea menos probable que interactúe con otras personas por temas importantes. Bloquee al menos dos horas en su agenda para trabajar de forma ininterrumpida. Si está en el trabajo, haga saber a la gente cuáles son sus «horas sagradas». Esta regla podría ser práctica incluso en el hogar.

- Cuelgue un cartel de «no molestar» en la puerta de su despacho. Cierre la puerta. (Si no tiene un despacho cerrado, pegue el cartelito en un lugar estratégico). Desvíe las llamadas al buzón de voz. Esta estrategia requiere tacto, pero si usted es productivo, la gente debería respetarle por su entrega y eficiencia.

—

He aquí **tres nuevos medios** para disponer de tiempo y libertad para trabajar:

→ **Programe tiempo libre:** haga una pausa para descansar, recuperar energías y ser más productivo después. Asimismo, el tiempo no adjudicado en su agenda le permitirá abordar temas no esperados.

→ **Programe tiempo para ser más eficiente:** si su estómago es capaz de aceptarlo y su agenda de trabajo se lo permite, almuerce a las 11 o a las 14 horas y así se garantiza una relativa tranquilidad entre las 12 y las 14 horas. Vaya a trabajar muy pronto por la mañana o quédese hasta tarde. Esto depende de su ritmo biológico y de las rutinas diarias de sus colegas y de los miembros de su familia, así como de las políticas y la cultura de la compañía. Pero los períodos de tiempo en los que los demás no están cerca y no espera llamadas ni visitas pueden ser los más productivos.

→ **Huya de las distracciones:** busque un lugar «secreto» donde pueda trabajar sin que le interrumpan. Podría ser una sala de reuniones u otra zona del edificio, o incluso algún otro lugar inesperado, como la biblioteca local o un tranquilo rincón del vestíbulo de un hotel cercano. (Esta estrategia es también eficaz para las tareas personales).

13

—

Recurra a la agrupación de tareas y a las pautas de conducta

«Uno de los mayores problemas
que estropean las agendas de
trabajo es la tendencia a
subestimar el tiempo que
durarán las reuniones.
Cuando planifique una reunión
añada en su agenda de trabajo
un 50 por ciento más al tiempo
que haya previsto.»

La agrupación de tareas que tienen algo en común puede requerir poco tiempo y/o esfuerzo, o pueden tener relación con un lugar o un período de tiempo determinados.

Se podría juntar toda la documentación y fotocopiarla de una sola vez. Se podrían estudiar varios temas en una sola sesión en la web o en una visita a la biblioteca. Podría devolver todas las llamadas telefónicas durante la misma hora. Si tiene un ayudante, considere la posibilidad de que atienda las llamadas telefónicas durante ciertos períodos de tiempo. Si no tiene un ayudante, utilice el buzón de voz. Luego, devuelva las llamadas a su comodidad.

Algunas veces tiene sentido agrupar las tareas en sentido contrario al anterior. Por ejemplo, si las llamadas telefónicas se producen en su mayoría en determinadas horas, podría programar otras tareas alrededor de estos períodos de tiempo. Represente gráficamente los momentos en que se producen las llamadas entrantes y trate de detectar pautas. Si encuentra alguna, reformule el modo de programar su tiempo. Podría repetir la gráfica en diferentes épocas del mes o del año para detectar posibles variaciones en las pautas.

Preste atención a otras posibles pautas en el trabajo, como visitas u otro tipo de interrupciones. Puede ser una buena idea programarlas y ajustarlas para obtener una mayor eficiencia.

Hay también pautas personales. Algunos de nuestros procesos biológicos influyen en nuestros niveles de energía y atención. Sabemos de los ritmos generales de «personas de mañanas», «personas de mediodías» y «personas de tardes». Determine cuál es su ritmo natural y utilice esta información para programar mejor la utilización del tiempo.

La energía suele oscilar. Trate de detectar sus pautas personales –los momentos del día en que se siente más espabilado y energético, los momentos en que le apetecería tomarse un descanso y los momentos en que realmente necesita un descanso. Luego haga uso de dichas pautas programando sus actividades de acuerdo con aquellas.

 Veamos **tres estrategias** más:

→ **Agrupe completamente:** la agrupación sólo funciona bien cuando no se producen «filtraciones». Si usted agrupa todas las tareas propias de un viaje determinado pero se olvida de una de ellas, tendrá que hacer un segundo viaje y la estrategia será menos eficaz.

→ **Planifique un período de tiempo adicional en las reuniones:** cuando programe en su agenda una reunión añada un 50 por ciento más al tiempo oficial. Las reuniones pueden estropear su programación de trabajo. Si la reunión termina pronto, dispondrá de tiempo libre para otras tareas que no están en su agenda de trabajo.

→ **Cuide mejor de su cuerpo:** aproveche al máximo sus ritmos naturales. La comida pesada y los hidratos de carbono (sobre todo los azúcares) suelen hacernos más perezosos. El café y los refrescos suelen espabilarnos durante un corto período de tiempo. Una comida a base de proteínas con pocas grasas activa a la mayoría de la gente durante horas. Una siesta puede ser eficaz en determinadas ocasiones.

14

—

Delegue
de forma eficaz

«La mayor parte de las tareas
cuya realización le cuesta más a
usted que a otra persona
significan una pérdida de tiempo.
Su valor reside en estas
competencias/habilidades
especiales que sólo usted aporta
a su puesto de trabajo.»

¿Está usted realizando tareas que no forman parte de la descripción de su puesto de trabajo? Tal vez debería delegarlas.

Cuando delegue, no debe tener miedo de perder el control de la tarea o proyecto en cuestión, no debe pensar que es la única persona capaz de hacerlo bien, no debe creer que va a quedar mal ni que carece de la autoridad para delegar, ni tampoco debe temer que se pueda prescindir de usted.

Veamos a continuación los pasos que hay que dar cuando se delegue:

1. Identificar la tarea.
2. Representar gráficamente el flujo de la tarea.
3. Encontrar a la persona adecuada. ¿Quién puede hacerlo y, tal vez, disfrutarlo?
4. Explicar la tarea.
5. Explicar cómo se beneficiará la persona si realiza la tarea.
6. Especificar los estándares y fechas límite.
7. Establecer un método de reporte.
8. Contestar a cualquier pregunta.
9. Asegurarse de que la persona tenga la autoridad para tomar las decisiones necesarias y acceda a todos los recursos necesarios.
10. ¡Documentar la delegación. Resumir los pasos 4 al 7 en un memorándum dirigido a la persona en quien ha delegado el trabajo.
11. ¡Registrar por escrito la tarea, la persona, la fecha en que asignó el cometido, las fechas para la revisión del estatus del trabajo o proyecto, y la fecha tope.
12. ¡Controlar el progreso; llevar a cabo chequeos no programados del estatus del trabajo.
13. Evaluar los resultados.
14. Mostrar reconocimiento por el éxito.

Por último, no delegue en exceso. Si da la impresión de que está eludiendo responsabilidades, delegar será más difícil.

La delegación eficaz es un concepto clave en la gestión del tiempo. Delegar es un arte sutil que exige una cuidadosa reflexión y sensatez.

Trate de seguir los **tres siguientes consejos** cuando delegue:

→ **Delegue de forma inteligente:** asigne la tarea, siempre que sea posible, a la persona que sea capaz de realizarla cuyo coste sea menor. El uso más económico del tiempo de cualquier empleado es que a dicha persona le asignen las tareas que correspondan al extremo superior de su capacidad y formación. Ello también le incluye a usted: delegue las tareas que puedan ser llevadas a cabo por personas que sean menos costosas para la compañía que usted.

→ **Aprenda a soltar asuntos:** si insiste en retener el control de todos los detalles de su área de responsabilidad, no está interpretando correctamente cuál es la naturaleza y los beneficios del mando y el control. A menos que sea capaz de ceder el control de temas de menor importancia, tendrá pocas posibilidades de ampliar su control sobre temas importantes.

→ **Externalice:** pague a personas de fuera de la compañía para que hagan parte de los trabajos. Si otra persona es capaz de realizar un trabajo por menos dinero que usted o un empleado, es lógico desde el punto de vista económico externalizar el trabajo y emplear su tiempo o el de su empleado para tareas más exigentes.

15

—

Sepa decir no

«Usted no tiene que hacer todo lo que los demás quieran que haga y tampoco tiene que hacerlo todo tal como los demás quieran que lo haga. Si hay un medio mejor para producir los mismos resultados, aprenda a decir no al método habitual.»

Tal vez la palabra más importante del vocabulario de la gestión del tiempo sea «no».

La gente suele pedirnos cosas que exigen nuestro tiempo y nuestras energías. Saber decir no es una competencia/habilidad crucial.

Si alguien le pide que haga algo, pregúntele qué significaría en cuanto a tiempo y energías.

Si decide **rehusar**:

○ Dé una buena razón.

○ Sea diplomático

○ Sugiera un intercambio de tareas o alguna otra forma de ayuda.

A menudo suele ser difícil decir no a reuniones y comités de trabajo. Así pues, por lo menos, diga no a perder el tiempo y energías.

Si usted está **al mando**:

1. Confeccione un orden del día por escrito y repártalo a todos los participantes por lo menos 24 horas antes.

2. Fije una hora de comienzo y comience a dicha hora.

3. Fije una hora de conclusión. Cuando las reuniones son breves se centran mejor los asuntos.

4. Establezca objetivos.

5. Sea razonable en los asuntos que programa.

6. Invite solamente a la gente necesaria.

7. Nunca convoque reuniones por hábito o costumbre.

8. Nunca asigne un cometido a un grupo, cuando una sola persona pueda realizarlo con facilidad.

9. Promueva la productividad a través de la iluminación, la temperatura, la distribución de los asientos de la sala y la ausencia de interrupciones.

10. Liste las ideas generadas y/o los cambios de rumbo iniciados. Si hay tiempo al final de la reunión, haga seguimiento.

11. Resuma todos los acuerdos, decisiones y cometidos al cierre de la reunión.

12. Distribuya un resumen de la reunión, que incluya acuerdos, decisiones tomadas y cometidos asignados.

Si usted no está al mando de la reunión, ayude a la persona responsable a que la reunión sea más productiva. Ofrézcase a proporcionar un formulario de orden del día o a tomar las notas de la reunión y luego pasarlas a un resumen. Como mínimo, pida a la persona que está al frente de la reunión que distribuya un orden del día por anticipado y que fije una hora de conclusión. También podría proponer la creación de un cajón de ideas. Si no puede decir no a una reunión, por lo menos diga sí a su mejora.

Sepa decir no a perder el tiempo y energías.

He aquí **tres recomendaciones** más:

→ **Sepa cómo decir sí:** tal vez responda afirmativamente a una solicitud que en otras circunstancias habría rehusado. Descubra medios que generen resultados satisfactorios y que le exijan menos. Decir no al *cómo* puede hacer posible que usted diga sí al *qué*.

→ **Sea sincero y valiente:** la gente suele decir, «déjeme pensarlo», para retrasar la respuesta negativa o incluso para hacerla innecesaria. Si no puede o no va a hacer una tarea, dígalo cuanto antes. Posponer una decisión está solamente justificado en situaciones complejas.

→ **Haga una lista de sus responsabilidades actuales que debería haber rechazado:** ¿Cómo rehusará en el futuro las responsabilidades de este tipo? Es evidente que a veces es imposible decir no por razones puramente «políticas». Aproveche la siguiente tabla para reflexionar sobre este asunto ahora mismo, «en caliente».

RESPONSABILIDADES ACTUALES	RAZONES PARA REHUSARLAS

RESPONSABILIDADES ACTUALES	RAZONES PARA REHUSARLAS

16

Prevea y planifique

«¿En qué medida sus previsiones son buenas? ¿Da siempre la impresión de estar a merced de lo inesperado y se estresa considerablemente cuando las cosas no salen como deberían? «

Las cosas salen mal. Y entonces solemos perder tiempo o más cosas. Si podemos prever las posibilidades, podremos planificar y no perder tanto.

Dé siempre por sentado que las cosas durarán más de lo previsto. Calcule más tiempo del que piensa que va a necesitar.

Usted puede perder tiempo en el peor momento si se queda sin existencias. Reponga los productos más importantes. Tenga un inventario permanente. Cuando reponga un artículo, hágase con otro y reabastézcase de varios artículos a la vez. No se arriesgue a quedarse sin existencias.

Haga **una lista de las cosas importantes** –en casa y en el trabajo– para las que no tiene reservas o copias. Planifique formas adecuadas de protección en caso de que fallen y comprométase a actuar de acuerdo con sus planes en el plazo de un mes.

Proteja los documentos vitales. Su sustitución acarrearía tiempo y esfuerzo, incluso si sabía que es lo que faltaba. Minimice las consecuencias de un desastre. Fotocopie los documentos vitales personales y de trabajo –carnet de conducir, tarjetas de crédito (cara y dorso), tarjetas y documentos bancarios, títulos o escrituras de propiedad, pólizas de seguro, etcétera–. Deposite las copias en una caja de seguridad y entregue otro juego de copias a un pariente o amigo que viva en otro lugar.

¿Tiene documentos importantes en el disco duro de su ordenador? Haga una copia del disco duro y una copia impresa. Guarde los materiales copiados en otra ubicación siempre que sea posible.

Fotocopie cada año su agenda telefónica personal y de trabajo y su archivo de contacto.

Si almacena esta información electrónicamente, haga una copia de seguridad periódicamente.

Haga dos listas de su equipo (el de casa y el del trabajo). Fotografíe o grabe en vídeo todo su equipo y guarde todo este archivo visual en lugar seguro.

La **previsión** es importante en la gestión del tiempo. Es imposible evitar todos los problemas, pero a menudo podremos limitar su impacto y también ahorrarnos tiempo y esfuerzos.

 Veamos a continuación **tres sugerencias** más para mejorar la capacidad de previsión:

→ **Preste atención a lo que está sucediendo a su alrededor:** prever el futuro conlleva el conocimiento del pasado y del presente. Cuanto más los conozca, más probable es que detecte acontecimientos que podrían afectarle.

→ **Deje un margen de tiempo libre en sus programaciones:** adelante su reloj unos cuantos minutos o anote en su calendario la fecha límite unos cuantos días antes de la fecha real. Ayude a las personas con problemas de tiempo y comuníqueles como efectivas fechas límites anteriores a las reales. No fije sus expectativas de tiempo de forma informal y despreocupada – «dentro de una hora» o «dentro de unos cuantos días» –. Sea preciso: «a las 17:00 de hoy» o «el viernes al mediodía».

→ **Planifique considerando los problemas de la gente:** ¿tienen una formación multidisciplinar las personas con las que trabaja? Si una persona está de viaje o de vacaciones, ¿hay alguien más que pueda hacer su trabajo? Si algo le ocurre a usted, ¿puede sustituirle alguien?

—

17

—

Practique las actividades sociales con inteligencia

«La actividad social —a un nivel razonable— aumenta la satisfacción, la moral y, por consiguiente, la productividad en el trabajo. Utilizada con moderación, es un tónico que puede mejorar la calidad del trabajo.»

¿A dónde va a parar todo su tiempo? El número **uno** de los **seis factores** más importantes que hacen perder el tiempo es la **actividad social**.

Las actividades sociales excesivas pueden llegar a consumir mucho tiempo. Ésa es una preocupación que tienen muchos mánagers a causa de sus efectos negativos sobre la productividad. Sin embargo, un entorno laboral que fuera 100 por ciento trabajo sería muy desalentador.

Un nivel razonable de relación social aumenta la satisfacción en el trabajo y la moral de muchas formas. Como consecuencia, mejora la productividad. Por supuesto, la necesidad de actividad social viene influida por la personalidad, el tipo de trabajo, los requisitos de las tareas, el estado de ánimo y los colegas.

¿Hasta qué punto debería usted controlar las actividades sociales de sus empleados y de qué forma? Muchas compañías controlan las llamadas de teléfono y la actividad en Internet. Aunque sea razonable asegurarse de que los empleados están empleando bien el tiempo, dichos intentos llevados a los extremos pueden a veces perjudicar la productividad. Se puede dañar seriamente la moral si unos empleados apreciados perciben que su compañía no confía en ellos. Además, las llamadas telefónicas de índole personal son a veces necesarias, sobre todo cuando los empleados trabajan durante muchas horas al día. Incluso el descanso ocasional «navegando» por Internet puede tener su razón de ser, si no dura demasiado. Puede aclarar la mente entre dos trabajos o incluso dar lugar a un descubrimiento inesperado de información valiosa.

Usted debería animar a sus empleados a que emplearan su tiempo con sensatez y de forma productiva. No obstante, la prohibición rigurosa de toda comunicación de tipo personal y de toda actividad social, e incluso la navegación por Internet, puede llegar a erosionar la moral y, como consecuencia, perjudicar la productividad.

—

¿Y en cuanto a usted? ¿Hasta qué punto es una persona sociable? Usted debería saber el grado de interacción social que necesita y tal vez fijar algunos límites o incluso tener una mayor actividad social.

Veamos a continuación los **tres planteamientos** siguientes:

→ **Si usted es una persona extrovertida, fije límites:** si su puesto de trabajo pone el énfasis en llevar a cabo un trabajo específico (*task-oriented*), entonces usted necesita descansos para el contacto humano, pero que sean breves. Si su puesto de trabajo pone el énfasis en el apoyo y el desarrollo profesional de su equipo (*people-oriented*), no necesita buscar la interacción humana; los momentos de tranquilidad pueden ser igual de eficaces.

→ **Si usted está a medio camino entre la extroversión y la introversión, mantenga el equilibrio:** no permita que la gente le distraiga. Si su puesto de trabajo es *task-oriented*, siéntase cómodo con una actividad social breve (es buena para usted). Si su puesto de trabajo es *people-oriented*, probablemente no le harán falta actividades sociales. Unos momentos de tranquilidad le refrescarán más a nivel mental.

→ **Si usted es una persona más bien introvertida, practique más las actividades sociales y busque más la soledad.** A usted no le tentará practicar la actividad social en exceso, pero necesita descansos breves y frecuentes. Probablemente su puesto de trabajo es *task-oriented*. La actividad social ocasional puede ser beneficiosa, sobre todo con personas a las que conozca bien. Si su puesto de trabajo es *people-oriented*, la interacción humana puede ser agobiante. Tómese tiempo para estar solo.

18

Tenga sus cosas bien controladas

«Aunque usted sea capaz de
trabajar sin problemas
en lo que parece ser un
auténtico desbarajuste,
los demás pueden tacharle de
persona desorganizada,
agobiada o irresponsable.»

¿ A dónde va a parar todo su tiempo? El número **dos** de los **seis factores** más importantes que hacen perder el tiempo en el trabajo es **extraviar** las cosas.

El individuo medio pierde unas tres horas a la semana buscando cosas «perdidas». Por tanto, si usted puede acceder a sus cosas con rapidez, ahorrará tiempo. Posiblemente el área más problemática sea su escritorio.

Todos tenemos un estilo propio de gestión de nuestra mesa de trabajo. ¿Apila las cosas de forma organizada? ¿Deja las cosas allí donde haya un hueco? ¿Tira las cosas de cualquier manera, sobre la mesa, las sillas, los muebles archivadores, el suelo? ¿Extiende las cosas sobre la mesa? ¿Clasifica las cosas y luego las archiva donde corresponde?

Veamos una serie de consejos sencillos que son eficaces para la mayoría de estilos:

- Utilice la mesa de su escritorio solamente para proyectos activos y para el material de uso más frecuente.

- Guarde el material de pequeño tamaño en un cajón superior del escritorio. En la superficie del escritorio debería haber solamente un artículo de cada clase.

- Tenga un archivo de carpetas colgantes en un cajón inferior del escritorio. Debería constar de 31 carpetas, una para cada día del mes, más 11 carpetas para los meses siguientes. Coloque las cosas en la carpeta apropiada. Chequee cada mañana la carpeta correspondiente al día de que se trate.

- Utilice el cajón inferior para sus documentos más importantes.

- Coloque en la mesa del escritorio tres bandejas de asuntos entrantes con prioridad A, B y C, respectivamente, y una bandeja de asuntos salientes.

Sea cual sea su estilo, reserve un gran espacio abierto en la parte frontal media de la mesa de su escritorio y organice cualquier otro material o documentación en el espacio restante. Las únicas pilas que debería haber sobre su escritorio deberían estar compuestas de cosas clasificadas y esenciales.

Guarde los asuntos más secundarios, de referencia o inactivos, fuera de su escritorio. Guárdelos en un mueble lateral, en una estantería o en un mueble archivador.

 He aquí **tres nuevas sugerencias**:

→ **Evalúe su estilo de gestión de escritorio:** debería adecuarse a sus procesos mentales. Debería adecuarse a su puesto de trabajo. Debería posibilitar que encontrara rápidamente cualquier cosa y sin excesivo estrés. Si su estilo cumple estos tres criterios, magnífico. Si no, considere la posibilidad de organizar su espacio de trabajo de forma distinta.

→ **Despeje la mesa de su despacho al final de la jornada:** esto podría llegar a ser imposible si usted suele dispersar los papeles encima de la mesa pero tal vez sea posible poco a poco. La mayoría de las personas tiene una sensación de control cuando su superficie de trabajo está organizada o por lo menos despejada. Entonces se podrá preparar para el día siguiente.

→ **Recuerde que las apariencias importan:** su estilo de gestión de escritorio puede ser eficaz en su caso particular, pero su jefe, sus colegas y otras personas quizás no sepan esto, ni quieran aceptarlo. ¿Está usted proyectando la imagen que desea?

19
—

Anote las cosas

«El 50 por ciento de todo lo
que lee o escucha
lo olvidará al minuto siguiente.»

¿ A dónde va a parar todo su tiempo? El número **tres** de los **seis factores** más importantes que hacen perder el tiempo en el trabajo es **olvidarse** de las cosas.

La recomendación más sencilla para ahorrar tiempo es que debe anotar todo lo que sea importante recordar. Facilite la vida a su mente utilícela más para pensar y menos para recordar cosas que podía haber anotado y que se arriesga a olvidar por no haberlo hecho.

Estamos rodeados de información (hechos, cifras, nombres). La mayor parte de las personas hacen constantemente malabarismos mentales con una gran cantidad de temas muy variados. A menudo recordamos cosas que no son necesarias y nos olvidamos de las que sí lo son.

Si usted no puede acceder con facilidad a la información que volverá a necesitar, *anótela* en su agenda o en una hoja de papel (para archivarla más tarde), en una lista de comprobación o control, o en cualquier otro lugar donde la pueda encontrar rápidamente. Se tarda mucho menos tiempo en escribir una nota que en encontrar un pensamiento perdido. (Por supuesto, esto es así si es capaz de recordar dónde puso la nota).

Seguramente la historia que se relata a continuación es apócrifa, pero es representativa de la sabiduría de la simplicidad:

> Un joven físico pidió a Albert Einstein su número de teléfono. Einstein cogió el listín telefónico del personal de su universidad, localizó el número, lo escribió en un trozo de papel y se lo entregó al científico.

> El joven dejó escapar la siguiente exclamación: «Mr. Einstein, ¿no recuerda usted su propio número de teléfono?».

> El gran pensador respondió: «¿Por qué tengo que embarullar mi cerebro con algo que puedo buscar fácilmente?».

Veamos a continuación **tres sugerencias** que Einstein también podría haberle ofrecido:

→ **Utilice una regla nemotécnica que le ayude a recordar algo que no puede anotar en aquel momento:** esto es eficaz para los nombres. Cuando conozca a alguien, puede asociar el nombre de la persona a sus características físicas o con algo arbitrario e incluso ilógico. Una regla nemotécnica ilógica o arbitraria puede ser igualmente eficaz, quizás incluso mejor, porque se puede grabar mejor en la mente.

→ **Ejercite su memoria:** si utilizamos más nuestro cerebro, será menos probable que perdamos el uso de nuestras facultades mentales a medida que envejecemos. Sin embargo, deberíamos utilizar más nuestro cerebro para procesar información que para almacenarla. Además, también es saludable ejercitar la memoria, aunque es peligroso confiar exclusivamente en ella para cosas importantes.

→ **Añada valor a su dinero:** ¿tiene problemas para recordar que tiene que llevar papel encima para anotar las cosas? Es muy probable que siempre lleve encima un tipo de papel: billetes de banco. Así pues, doble una hoja de papel y póngala junto a los billetes.

20

—

Viaje con criterio

«¡Si el despacho fuera el único lugar en el que se trabajara! pero resulta que el concepto 'despacho' ha pasado a ser portátil.»

¿ A dónde va a parar todo su tiempo? Los **desplazamientos** al trabajo (ida y vuelta) y los viajes en avión son el número **cuatro** de los **seis factores** más importantes que hacen perder el tiempo en el trabajo.

Los desplazamientos diarios al trabajo (*commuting*) –en coche, autobús o tren– llevan tiempo. Sin embargo, podemos obtener algo más que frustración y aburrimiento del tiempo que dura el trayecto. Podemos leer el periódico, hablar por el móvil, escuchar audios motivacionales, trabajar con el ordenador, etcétera.

Por supuesto, usted debe ser capaz de realizar esta actividad adecuadamente. Asimismo, debe evitar molestias a los demás, como usar el móvil en lugares públicos u ocupar más espacio del que le corresponde en trenes, autobuses o aviones.

Sin embargo, *oportunidad* no quiere decir *obligación*. Si usted quiere trabajar cuando va o viene del trabajo, o cuando va de viaje, hágalo. Si no, no se sienta culpable.

Los viajes en avión pueden consumir muchísimo tiempo. Para reducir la pérdida de tiempo:

- Escoja un vuelo sin paradas intermedias frente a otro con parada intermedia y escoja uno con parada intermedia frente a otro con parada intermedia y cambio de avión. Cada parada significa un retraso; cada cambio de aparato una posibilidad de pérdida de equipaje.

- Lleve equipaje de mano para evitar perder tiempo en el área de recogida de equipajes.

- Si es posible, instálese en un asiento que tenga uno vacío al lado. Un asiento vacío puede servir de escritorio para su cartera o maletín.

- A menos que necesite espacio para las piernas, evite los asientos de la primera fila. Como no hay otra fila de asientos delante, rara vez hay espacio accesible para su cartera.

- Haga uso de los puntos de los programas de viajeros frecuentes para viajar en clase *business* o primera, lo que es especialmente cómodo y saludable en vuelos de larga distancia.

 He aquí **tres sugerencias** para hacer mil cosas mientras usted está en marcha:

→ **Trabaje en varias cosas al estilo clásico:** durante años mucha gente ha llevado consigo una carpeta en la que guardaba tareas pendientes de menor importancia: lecturas breves, impresos para rellenar, etcétera. Dondequiera que vayan pueden trabajar cuando tengan que esperar.

→ **No permita jamás que las multitareas lleguen a ser peligrosas:** si está comiendo un bollo, bebiendo café y hablando por el móvil mientras conduce, el resultado puede llegar a ser desastroso. Asimismo, tendría que estar atento a otros problemas potenciales, por ejemplo, estar trabajando en el tren o en el autobús y saltarse la parada en la que debía apearse.

→ **No permita jamás que las multitareas se conviertan en una obsesión:** la sensación de que siempre debe solapar varias tareas puede convertirse en una obligación. Muchas de las tareas se verán perjudicadas porque no gozarán de su plena atención. Asimismo, llegará un punto en el que ya no tendrá control de su trabajo, será su trabajo el que le controle.

21

Lea menos y mejor

«Es triste cuando pensamos en la lectura como una actividad improductiva. Sin embargo, muchos ejecutivos dan una nota muy alta a la lectura como factor de pérdida de tiempo.»

¿ A dónde va a parar todo su tiempo? El número **cinco** de los seis factores es la **lectura,** según cinco de seis ejecutivos.

La lectura es un medio esencial para obtener información de utilidad. Por tanto, los ejecutivos que opinaron de ese modo no deben haberse quejado de la lectura, al menos en parte, sino de la cantidad de lectura.

De hecho, la cantidad de lectura relacionada con el trabajo se ha incrementado enormemente. Hay más publicaciones, muchas de ellas más especializadas y potencialmente más importantes. Existe también la web: muchos *sites* contienen información que merece la pena leer. Y luego tenemos el correo electrónico: cualquiera puede compartir un artículo, un chiste, noticias, etcétera con unos cuantos cientos de personas, incluida usted.

La mayor parte de los millones de palabras que nos rodean son de escaso o nulo valor para nosotros, en cambio, algunas sí pueden ser importantes, incluso críticas. ¿Qué puede hacer usted al respecto?

Usted puede leer de una forma más eficiente y efectiva:

- Cuando se trate de informes, lea en primer lugar el resumen ejecutivo. Lea el texto principal por encima tratando de encontrar la información realmente necesaria. Anime a las personas de su compañía que hacen informes a incluir en los mismos un resumen ejecutivo.

- Subraye o destaque las palabras y frases importantes. Escriba notas al margen. Obtenga lo que desea y necesite, y facilite que pueda encontrarlo posteriormente.

- Lea superficialmente las revistas y céntrese en los artículos que sean relevantes. Léalos si tiene tiempo; de lo contrario, fotocópielos y archívelos como material de referencia para el futuro.

- Descarte las revistas de actualidad que tengan ya algunos meses de antigüedad.

- Usted puede leer menos:

- Suscríbase a publicaciones que ofrezcan resúmenes de libros, artículos y otro tipo de informaciones, como *Executive Book Summaries* y *Kiplinger Washington Letter*. Es probable que existan publicaciones similares en su sector de actividad.

- Deseche la información entrante que no sea relevante. Si otras personas de la compañía le envían de forma rutinaria un material informativo que usted no precisa, elimine su nombre de la lista de personas que reciben copia.

- Estudie el material entrante. Encargue a un ayudante que resuma o extracte la información relevante contenida en comunicados muy extensos. Delegue los materiales informativos a un ayudante para que los lea y decida qué se debe hacer con ellos.

 Por último, usted puede hacer **tres cosas** para reducir el gran número de palabras que recibe:

→ **Rechace todos los correos que sean claramente «spam»:** no los abra siquiera. Las empresas de marketing o publicidad directa suelen intentar que sus correos parezcan importantes. No se deje engañar.

→ **Limite el correo no deseado:** visite la página web de la Direct Marketing Association www.the-dma.org. El servicio de atención al consumidor le ayudará a que quiten su nombre de las listas de envíos por correo.

→ **Cancele suscripciones:** si usted recibe publicaciones que rara vez o nunca lee, cancele la suscripción. Lo más probable es que se vayan apilando en su despacho. Tal vez, y aún peor, acaba leyéndolas cuando el contenido es anticuado, en lugar de dedicarse a leer temas actuales en otras publicaciones.

22

Aprenda a decir adiós

«Si alguna vez se sorprende preguntándose si ha estado hablando demasiado sobre alguna cosa, lo más probable es que así sea.»

¿A dónde va a parar todo su tiempo? El número **seis** de los **seis factores** más importantes que hacen perder el tiempo en el trabajo son las **personas que nunca terminan de hablar**. Probablemente ocuparía un lugar más alto en la lista si la encuesta no hubiera incluido el término más general «actividades sociales», el peor factor de pérdida de tiempo.

Veamos a continuación algunos métodos para tratar con los «parlanchines».

Al teléfono:

- Llame a los parlanchines cuando prevea que tendrán prisa (por ejemplo, antes del almuerzo).
- Simule que le interrumpen y luego diga, «lo siento, tengo que dejarle».
- Filtre las llamadas y luego responda por *email*, fax o buzón de voz, si es posible.

En persona:

- Permanezca en pie; eso debería hacer sentirse incómodo al parlanchín respecto a quedarse mucho tiempo.
- Póngase de pie y pida al parlanchín que le acompañe hasta un lugar cercano (por ejemplo, la fotocopiadora). Siga con la conversación, mientras usted hace las fotocopias. Cuando haya terminado, diga «me alegro de que hayamos podido hablar» y luego váyase. Si él o ella persisten impenitentemente diga que tiene que ir al servicio.

Para las visitas que se dejan caer por el **despacho**, cuando usted no tiene un ayudante que las detenga:

- Si tiene una puerta, ciérrela siempre que necesite evitar interrupciones.
- Si trabaja en un cubículo, pegue un cartel de «No Molestar».
- Váyase con su trabajo a cualquier otro lugar (una sala de reuniones vacía, una biblioteca próxima o incluso una cafetería).

- Diga que tiene una emergencia menor y sugiera un encuentro en otro momento.

- Si el visitante es un colega, sugiera hablar en el despacho de él o ella. Es mucho más fácil dejar a alguien que conseguir que esta persona le deje a usted.

He aquí **tres sugerencias** más:

→ **Utilice el lenguaje corporal:** no hace falta utilizar palabras si se puede enviar el mensaje a través del lenguaje corporal. Mire continuamente su reloj de pulsera u otro reloj que haya en la sala, sea claro. Si está cerca de su escritorio, mire su agenda de citas, revuelva papeles o archive carpetas. Ladee el cuerpo, alejándose un tanto del parlanchín. Esta postura transmitirá la necesidad que tiene de volver a ocuparse de otra cosa.

→ **Sea franco y directo:** por teléfono y en persona, simplemente vaya al grano. Manifieste desde el principio sus limitaciones de tiempo. para finalizar, pregunte, «¿podemos poner punto final a esto en unos cuantos minutos?».

→ **Contrólese a sí mismo:** preste atención a las señales que puedan indicar a los demás que usted es un parlanchín. En ocasiones, nuestra perspectiva del tiempo es distinta cuando somos nosotros los que hablamos. ¿Utilizan los demás estas estrategias con usted?

23

Use la tecnología con sensatez

━ ━ ━ ━ ━ ━ ━ ━ ━ ━ ━ ━ ━ ━ ━ ━

«Tenemos a nuestra disposición muchas herramientas que nos permiten gestionar mejor nuestro tiempo.

Algunas son de carácter tecnológico, otras no.

Pero, las herramientas para la gestión del tiempo, al igual que todas, son eficaces solamente si se emplean de la forma apropiada.»

━ ━ ━ ━ ━ ━ ━ ━ ━ ━ ━ ━ ━ ━ ━ ━

T enemos a nuestra disposición muchos dispositivos tecnológicos que nos permiten gestionar mejor el tiempo: teléfonos, sistemas de buzón de voz, ordenadores, fotocopiadoras, impresoras, faxes, agendas electrónicas, teléfonos, mensáfonos y escáneres.

Cuando escoja cualquier aparato, hágase las cinco preguntas siguientes:

1. ¿Lo necesito? Sopese sus probables beneficios frente a sus potenciales desventajas. La inversión de una cantidad respetable de dinero debería generar buenos rendimientos. Si las desventajas tienen mayor peso que los beneficios, entonces el producto tal vez no merezca el precio que se paga por el mismo.

2. ¿Necesito todas las *características del producto?* ¿Cuál es la versión del producto que tiene todas las características que necesito y no muchas de las que no necesito? ¿Me beneficiaré de algún modo de estas características?

3. ¿Es fácil de usar? Cuanto más complejo sea el dispositivo, más tiempo tendrá que invertir para utilizarlo de un modo efectivo. Busque el producto que le permita satisfacer sus necesidades de la forma más fácil posible.

4. ¿Hasta qué punto es fiable? Cada vez que falla supone una pérdida de tiempo. Considere la posibilidad de un contrato de mantenimiento que le proporcione un aparato de sustitución si el suyo necesita repararse.

5. ¿Durante cuánto tiempo satisfará mis necesidades? ¿Será suficientemente bueno este aparato dentro de cinco años para que yo pueda seguir siendo competitivo? Usted no puede saber lo que hay en perspectiva, pero esta pregunta le obligará a hacer una proyección de sus necesidades y a estudiar el producto. Asimismo los expertos en tecnología suelen publicar artículos en los que tratan de predecir el futuro, por lo que siempre tendrá algún tipo de orientación a su disposición.

Veamos por último **tres sugerencias** acerca de los dispositivos tecnológicos:

→ **Sepa lo que necesita:** infórmese sobre el dispositivo tecnológico en que está pensando. Lea estudios, informes o artículos, visite páginas web y hable con sus amigos sobre su experiencia con el producto. Hágase una idea lo más completa posible de lo que es capaz de hacer el dispositivo. Identifique varios productos que parezcan adecuados.

→ **Quédese lo que usted necesite:** cuando vaya a comprar un producto, lleve consigo una lista de las actividades que necesitará realizar con el mismo. Pida al vendedor que le muestre un artículo que pueda hacer lo que usted quiera y de la forma más sencilla posible. Luego, pregunte por otras características que podrán mejorar los resultados. Si no puede seguir las explicaciones que le dan, es posible que necesite que le atienda un mejor vendedor o bien precisa un producto distinto.

→ **Investigue de forma inteligente y rápida:** Internet es un recurso de investigación maravilloso, pero hace falta una cierta experiencia para utilizarlo de forma efectiva y eficiente. Recuerde dos factores esenciales. El primero es que Internet puede ahorrar tiempo o puede engullirlo. Sea disciplinado. El segundo es que no todo lo que hay en Internet es cierto. Sea escéptico con las fuentes que no sepa si son fiables.

24

**Adapte
las herramientas
a sus necesidades**

«Utilizar las herramientas
adecuadas para gestionar
el tiempo —y utilizarlas
adecuadamente— es tan solo
una pieza del rompecabezas.»

Su entorno de trabajo es importante para la gestión del tiempo. Si es eficiente y cómodo, usted será más productivo; si no lo es puede robarle tiempo.

El entorno que mejor colabore a la actividad laboral debería incluir:

- Una silla cómoda y ergonómica.
- Luminosidad suficiente en todas las áreas de trabajo.
- Una temperatura cómoda y uniforme.
- Una ventana.
- Espacio de trabajo suficiente.
- Almacenaje para el material que se necesite.

Dé forma al entorno de trabajo con el objetivo de conseguir la máxima comodidad y productividad.

Para obtener una mayor productividad de su sistema informático:

- Suprima las carpetas y los archivos que no utilice. Libere espacio en el disco duro y acelere las búsquedas y los escaneos de seguridad.
- Haga copias de seguridad de sus datos. Asimismo, utilice la función «guardar» periódicamente mientras esté trabajando sobre un mismo documento.
- Instale solamente el *software* que necesita.
- Aprenda los aspectos básicos de los programas que use frecuentemente, pero no pierda el tiempo estudiando características que no necesita.

El *email* puede ser un vehículo de comunicación magnífico, si minimiza las desventajas:

- Sea breve. Un tema por *email* suele ser lo más apropiado. Un redactado conciso es lo más eficaz para captar la atención.

- En la línea «asunto» escriba un texto claro e interesante. Muchas personas borran los mensajes sin leerlo, tomando su decisión con frecuencia sobre la base de lo que se lee en la línea «asunto».

- No escriba solamente con mayúsculas, se suelen interpretar como gritos. También son de difícil lectura.

- Haga copias sólo para las personas que deban tener conocimiento del asunto.

- Envíe los mensajes extensos como archivos adjuntos, no en el texto del propio *email*. Resuma en el *email* el contenido del archivo adjunto e indique cualquier acción que deba emprenderse.

- Compruebe periódicamente su *email*, pero no es necesario hacerlo constantemente.

- Borre los mensajes que no necesite guardar.

- Utilice las llamadas telefónicas o las cartas para mensajes muy importantes, información confidencial, comunicaciones que podrían ser malinterpretadas, malas noticias y cuando sea apropiado el contacto personal.

- Compruebe la corrección ortográfica y gramatical.

- Utilice la respuesta automática cuando pase un período de tiempo sin estar conectado, por motivo de viajes, vacaciones, etcétera.

El archivo es importante para la gestión del tiempo. He aquí **tres sugerencias** para tener un sistema de archivo que promueva un uso más eficiente del tiempo:

→ **Escoja el orden más apropiado:** hay cuatro tipos principales de ordenación: alfabética, numérica, cronológica y por temas. Los sistemas híbridos suelen ser más eficaces, como el sistema de clasificación decimal Dewey, que agrupa los libros primero por tema y luego alfabéticamente por autor.

→ **Titule sus archivos de forma sencilla y lógica:** lo mejor es poner primero un nombre y luego un modificante: por ejemplo, «correspondencia-interna». Coloque los documentos dentro de una carpeta, con los mas recientes en la parte superior.

→ **Pode sus archivos periódicamente:** dedique por lo menos una hora al mes a adelgazar sus archivos. Cada seis meses, depure los archivos activos de material obsoleto. Almacene los documentos que sea necesario retener por razones legales.

«Cada uno de nosotros tiene el mismo número de segundos para utilizarlos a su mejor saber y entender, pero no todos les sacamos el mejor partido ni todos los invertimos con sensatez.»

ANOTE AQUELLAS ESTRATEGIAS QUE LE HAN PARECIDO MÁS EFICACES*

* No olvide señalar la página del libro donde de encuentra. ¡Esta simple acción le hará ganar tiempo!

ANOTE AQUELLAS ESTRATEGIAS QUE LE HAN PARECIDO MÁS EFICACES*

* No olvide señalar la página del libro donde de encuentra. ¡Esta simple acción le hará ganar tiempo!

ANOTE AQUELLAS ESTRATEGIAS QUE LE HAN PARECIDO MÁS EFICACES*

* No olvide señalar la página del libro donde de encuentra. ¡Esta simple acción le hará ganar tiempo!

ANOTE AQUELLAS ESTRATEGIAS QUE LE HAN PARECIDO MÁS EFICACES*

* No olvide señalar la página del libro donde de encuentra. ¡Esta simple acción le hará ganar tiempo!

Sobre el autor

Marc Mancini es profesor del West Los Angeles College, y su empresa homónima —Marc Mancini Seminars and Consulting— es la principal proveedora de servicios de formación para la gestión del tiempo en el sector turístico. Ha aparecido en televisión en multitud de ocasiones como comentarista de la gestión del tiempo, entre ellas en el programa *Good Morning America* de la cadena CNN.